INSTRUCTION
SOCIALE
DU
RÉPUBLICAIN:

Par J. J. Ranxin, Membre de plusieurs Sociétés populaires.

Imprimée par ordre de la Société Jacobite et Montagnarde de Mézieres et Libreville, le six Nivose, l'an deux de la République française, une et indivisible ; pour être distribuée sur-tout dans les campagnes.

A MÉZIERES,

De l'Imprimerie de Trécourt.

An IIe.

INSTRUCTION
SOCIALE
DU RÉPUBLICAIN,
A L'USAGE DES ENFANS.

AUX INSTITUTEURS PUBLICS.

IL était tems que la raison mûrie promenât son flambeau philosophique sur les hommes et les choses ! il était tems de substituer aux pieux mensonges des prêtres, les principes de la nature et de la vérité ! Leur religion, aussi cruelle que bizarre, enfanta dans l'imagination des hommes trompés, le délire de la superstition et du fanatisme. Grace à une révolution dont l'histoire n'offre pas d'exemple, le masque des imposteurs est tombé ! L'hypocrisie à nu laisse voir au peuple toute la difformité qui la couvrait. Le peuple sent l'erreur dont il était abusé : mais nous laisserions échapper la vérité qui se montre, si nous ne prenions le soin de l'inculquer aux générations naissantes.

Pénétré des grands principes de la philosophie, ami de l'enfance et des mœurs, autant que je fus persécuté par le fanatisme, j'ai tâché de réunir, dans un petit cadre social, les élémens moraux qui peuvent contribuer à guider l'enfance, dans le sentier des vertus républicaines.

J'ai cru que moins mon instruction serait longue, plus elle serait facile à retenir ; je l'ai rédigée en forme d'interrogations et de réponses, parce que des sentences courtes sont bien plutôt apprises par les enfans et restent plus long-tems gravées dans leur mémoire. Au reste, ce sera à vous, instituteurs éclairés dont on entourera l'adolescence, à en développer les vérités.

Les anciens cathéchismes, remplis d'erreurs, nous berçaient des fables

5

du purgatoire et de l'enfer et nous
présentaient une idée fausse de l'existence de Dieu : il m'a paru bien
plus simple et plus naturel de donner
aux enfans une premiere notion de
l'homme ; car destinés à vivre en
société , il faut qu'ils connoissent
tout ce qui les entoure. Laissons à
leur raison développée, le soin d'ap-
percevoir l'existence de cet Être
suprême, qu'il est plus prudent d'a-
dorer, que de chercher à découvrir ;

Car pour le bien connoître, il faut être lui-même.

D. Q*u'est-ce que l'homme ?*

R. L'homme est un assemblage de grandeur et de bassesse, de vertus et de vices, de beautés et de défauts.

D. Comment vient-il au monde ?

R. La femme l'enfante au milieu du plaisir et de la douleur : il naît faible, informe, parmi les cris et les pleurs ; et c'est de l'éducation qu'on lui donne, que dépendent ses idées et son existence.

D. Qu'entends-tu par éducation ?

R. J'entends, par éducation, le régime de vie et les principes qu'on fait observer à l'enfant.

D. Qui est-ce qui est chargé de cette éaucation ?

R. Le pere et la mere : à leur défaut, les plus proches parens, les tuteurs et des précepteurs nommés par la nation.

D. Comment doit-on l'élever ?

R. Dans les principes de la nature, de la société, de l'humanité et de la probité.

D. Ces principes contiennent-ils ses devoirs ?

R. Les devoirs découlent des droits qu'on a ; et ces principes renferment les uns et les autres.

D. Explique - moi d'abord les principes de la nature ?

R. La nature est la mere commune de tous les hommes ; c'est elle qui maintient le cours des saisons et des astres, la forme de l'univers, la durée des êtres ; c'est le type ou le modele de tout ce qui se fait ; c'est le germe des animaux et des plantes, l'organisation de la vie, de la production et le mode de la destruction des hommes. Elle les fait naître tous égaux, tous infirmes, et elle les précipite également dans la nuit du tombeau.

A 4

D. Mais comment s'est-elle donné tant de pouvoir ; car il m'est impossible de soupçonner sa formation ?

R. Elle le tient d'un Être suprême, du modérateur éternel des choses, de la cause première de ses effets ; cet Être suprême est Dieu, qui ne peut point être divisé, qui embrasse toute l'immensité, toute la chaine des êtres, qui n'a ni pere ni fils, qui est tout et qui ne peut être conçu, mais qu'on doit adorer comme un pere, invisible, dont la main répand ses bienfaits sur toute la nature.

D. Comment doit-on adorer Dieu ?

R. Comme les oiseaux, qui à leur réveil, le saluent par leurs gazouillemens, par les accens de la reconnaissance, par le bien qu'on se propose de faire durant la journée qu'on a devant soi.

D. Mais est-ce qu'on ne doit pas se mettre à genoux pour le prier ?

R. La flexibilité de nos muscles nous a été accordée pour marcher, nous asseoir et principalement pour travailler ; qu'on soit debout ou prosterné, couvert ou découvert, dans un temple ou sur une place publique, cela est égal à l'auteur de la nature. Un cœur pur et des mains innocentes, voilà ce qui plaît à la divinité.

D. Quels sont donc les droits qu'accorde la nature ?

R. Ces droits sont l'existence, la vie animale ou la nourriture, la liberté, la sûreté et la résistance à l'oppression.

D. Quels en sont les devoirs ?

R. L'homme, dans l'état de nature, est un sauvage qui ne suit que son appétit : ses idées sont bornées, ce qui fait qu'il confond presque toujours ses droits et ses devoirs ; mais comme il est destiné à vivre dans l'état social, cet état ôte à l'autre ce qu'il a de grossier ; ses idées se développent, s'étendent, se perfectionnent : c'est dans la société qu'il apprend vraiment ce qu'il est, ce qu'il peut être ; ses facultés physiques et morales y seront toujours en activité ; mais elles ont besoin d'être dirigées : ses passions ont besoin d'être retenues par le frein des loix.

D. Ce sont donc les loix qui font la société, qui constituent un état ?

R. La premiere loi de la société, c'est le consentement des hommes qui se réunissent ; on convient de vivre en freres et on établit des peines contre ceux qui y contreviennent. Sans loix, il n'y a point d'etat, point de gouvernement ; ce sont les ressorts qui mettent la machine en mouvement, qui lui donnent l'action, qui entretiennent l'harmonie et l'équilibre entre les vastes parties qu'elles embrassent.

D. On n'est donc pas libre dans la société de faire ce que l'on veut?

R. La liberté ne consiste point dans la puissance de tout faire, mais dans le pouvoir de ne pas faire aux autres ce qu'on ne voudrait pas être fait à soi-même.

D. Les hommes y sont-ils égaux?

R. L'égalité, de même que la liberté, est la base de la société : nous sommes tous égaux par la naissance, nous le demeurons par les droits : il n'y a d'autres distinctions que celles du mérite et de la vertu, car un honnête homme vaut mieux que tous les frippons du monde : un homme laborieux est cent fois plus digne qu'un fainéant. Les sentimens sont le thermometre de la valeur des hommes : on doit les estimer selon le degré de leur importance.

D. Quels sont les moyens d'acquérir la probité ?

R. En se conduisant par la maxime, *qu'on ne doit pas faire aux autres le mal qu'on craint pour soi;* en obéissant aux loix de son pays, en faisant tout pour le peuple, en aimant la justice et la vérité.

D. Dis-moi ce qu'on entend par loix ?

R. Les loix sont le résultat de la réflexion d'un petit nombre de sages et d'un traité passé, au nom du peuple, par ceux qu'il a délégués pour les faire. Toute loi qui n'émane point de la volonté du peuple est nulle ; et lorsqu'il sanctionne les actes de ses représentans, il s'y soumet lui-même; et le but qu'il se propose est la tranquillité, la félicité publique.

D. Quel est le meilleur gouvernement ?

R. Celui où le peuple est seul SOUVERAIN, une République de sans-culottes.

D. Qu'est-ce qu'une République?

R. C'est l'état d'un peuple libre

qui se régit par les loix qu'il a faites, où tous les citoyens sont égaux, où ils jouissent tous des droits de la société, où les devoirs sont des affections, où la patrie est tout, où l'intérêt particulier doit se taire devant l'intérêt général, où les vertus seules et les talens doivent être récompensés et le crime puni.

D. Quels sont les autres devoirs qu'on a à remplir ?

R. Le cœur doit les inspirer : l'amour de la patrie est le premier; le philantropisme ou l'amour de l'humanité, l'amitié, l'honnêteté, autant qu'une juste horreur de la tyrannie, caractérisent l'homme social.

D. Quels égards doit-on avoir pour ses parens ?

R. Les égards de la reconnoissance: les aimer, les chérir, lorsqu'ils remplissent leurs fonctions:

les secourir dans leurs besoins, dans leur vieillesse; respecter leurs soins et leur rendre les derniers devoirs.

D. Quels sont les égards qu'on doit aux autres ?

R. Ceux de la fraternité : tous les hommes sont concitoyens : leur prêter secours ; honorer le malheur, là piété filiale et la tendresse paternelle.

D. Que doit - on faire pour la société ?

R. La respecter, la défendre ; obeir aux loix ; réprimer et faire punir le mal et récompenser le bien.

D. Quelle est la meilleure religion ?

R. Celle de la conscience ; ouvrons les yeux à la lumiere de la raison : soyons justes, soyons vrais : aimons la vertu, haïssons le vice ; notre bonheur est attaché à ces sentimens.

INVOCATION A L'ÉTERNEL.

O toi qui tiens dans tes mains le destin des empires, toi qui peses dans la même balance les mortels égaux, inspire-moi contre les tyrans une haine éternelle ! que par toi le sceptre des peuples brise le trône et l'autel de ces Dieux de poussiere, qui ont osé s'arroger tes attributs suprêmes ! mets dans mon cœur la justice, éclaire-le du flambeau de la raison, et que le glaive de ta vengeance tombe sur ma tête coupable, si jamais je deviens assez lâche pour trahir mon pays !